LA MARCHE DES LUMIERES
par
Khalid LAAOULA

C'est le projet le plus puissant de l'histoire de l'humanité. C'est une énigme indéchiffrable. Comment un pays émergent peut-il réaliser ce chef-d'œuvre international en un temps très court et avec des moyens très modestes ?

La Marche des Lumières a été conçue par Khalid LAAOULA et réalisé par 350 millions de personnes à travers le globe.

Avec une technologie à la pointe du progrès, une ambition sans limite et un courage à toute épreuve, tout devient possible.

Je suis du Maroc

Je suis de cette lointaine vallée.
Fier, je trace mon chemin
À travers vent et désert.
Je viens de ce soleil lointain
Qui inonde le monde de sa lumière.
Je viens de cet olivier
Fait de respect et d'amitié.
Je viens de là où l'on aime
Sans attendre rien en retour.
Je suis du Maroc.

Dédicace

Ce projet n'a été possible qu'avec l'aide de 350 millions d'investisseurs qui ont ouvert la voie de la prospérité au monde entier.

Au mépris du risque, ils ont donné ce qu'ils pouvaient pour que le monde prenne une nouvelle route, celle du respect et de l'entreconnaissance.

À tous ceux qui ont participé à la Marche des Lumières nous disons sincèrement « un grand merci ».

Khalid LAAOULA

Préface

Le Maroc est un pays complexe et très difficile à comprendre même pour les marocains. Quand les institutions mondiales disent du Maroc qu'il est très corrompu. Elles ont tort. Elles se trompent sur toute la ligne.

Quand des professionnels de la prospective font leurs prévisions pour le Maroc. Ils se hasardent dans un univers enclin aux changements les plus inattendus. Il est tout à fait normal qu'ils échouent le plus souvent.
Ne parlons pas de ceux qui calculent le PIB du Maroc. Ils sont à 20 000 lieues d'avoir les bonnes équations.
Pourtant, Personne ne peut nier que tous ces gens soient fiables, intègres et professionnels.
Cependant le Maroc dispose non seulement des plus hautes sciences et technologies au monde mais aussi d'une réserve inépuisable de ma matière la plus chère, la plus rare et la plus stratégique connue.

Il ne s'agit pas de devenir un pays développé, mais de devenir la première puissance économique mondiale.

Cet ouvrage n'est pas là pour faire de la propagande pour le Maroc. Le Maroc n'en a pas besoin.

Le monde s'est endormi quand l'humanité a eu besoin de soutien et de compréhension. Que peuvent les pays pauvres contre la famine et les épidémies. Le monde doit revoir sa politique d'aide aux plus démunis.

C'est l'un des rôles de notre marche. Nous marchons vers la liberté de tous. Nous aimons tout le monde sans aucune discrimination et sans aucune distinction.

À ceux qui sont pour le respect et la paix, bienvenue à notre marche.

Avant-propos

L'évolution de la conjoncture internationale ne permet plus aux pays de continuer à gérer leurs ressources d'une manière irréfléchie, hasardeuse et irrationnelle. Ces pays sont tenus de gérer leurs biens d'une manière professionnelle.

À ce niveau, les ultra-hautes sciences et technologies deviennent un atout inestimable pour rendre cette gestion optimale, rationnelle efficiente et efficace.

À cet égard, le Maroc dispose de 137 ultra-hautes sciences et technologies à la pointe du progrès en avance d'au moins 20 ans sur le reste du monde.

Parmi ces ultra-hautes sciences figurent la solutiologie, la sécurologie, la tempologie, la monnaiologie, l'architecturologie, la richessologie, la 724logie, la robotologie, …

Vu sous cet angle, la Marche des Lumière n'est pas une aventure. Elle est certes le projet le plus grand de l'histoire de l'humanité, mais avec tous les atouts dont elle dispose, elle n'est pas très différente d'une promenade dans un jardin féérique.

Il est vrai que le fait de sauver des vies humaines et de développer un pays peut paraitre une tâche difficile et complexe, mais en réalité c'est un acte facile et totalement naturel. L'homme est capable de prospérer malgré les petits obstacles qui peuvent éventuellement joncher sa route.

Les médailles ne sont pas faites pour les dormeurs. Elles ont été forgées dans le feu pour rappeler à ceux qui les recherchent qu'elles exigent des sacrifices. En effet, sans effort il n'y a ni victoire ni médaille ni honneur.

Le Monde est merveilleux et son avenir est radieux. C'est à nous tous que revient la responsabilité de le protéger et de le servir. Nous le devons aux générations à venir.

Khalid LAAOULA,
Concepteur de la Marche des Lumières

Madame, Monsieur, bonjour je m'appelle Khalid LAAOULA et je suis fier de vous présenter mon plus grand projet c'est-à-dire la Marche des Lumières.

L'encyclopédie LAAOULA

L'encyclopédie LAAOULA comporte à ce jour 527 livres. Parmi ces chefs d'œuvres figurent 137 nouvelles ultra-hautes sciences et technologies. Certains livres sont classés secret défense et ne peuvent être lus que par des personnes ayant des accréditations spéciales.

La Marche des Lumières ne fait pas partie des livres à accès restreint. Elle est la fierté de toute l'humanité. C'est le jour où l'humanité a revendiqué sa liberté par-delà les différences qui divisaient les hommes depuis trop longtemps. Elle a statué d'une seule voix que les guerres n'étaient pas un moyen de communication acceptable et que la famine ne devait plus exister.

Désormais, l'Homme peut être fier de son humanité car très bientôt les libertés fondamentales l'emporteront sur toutes les tyrannies. Les réseaux p2p qu'on croyaient trop libres pour être légaux vont être à l'avant pour prouver que l'Homme n'a rien perdu de sa clairvoyance.

La monnaie deviendra involable et l'éducation généralisée. Le temps des bidonvilles est révolu. Les appareils seront tous sécuritaires et écologiques.

Le monde est en train d'entamer une terraformation complète qui le propulsera à un haut niveau de réussite à tout point de vue.

Sommaire

PARTIE I : c'est quoi la Marche des Lumières ?	**11**
Les 400 Villages thématiques	12
Principaux objectifs de la Marche des Lumières	13
Comment intéresser 350 millions d'investisseurs ?	17
Le management des ressources humaines	23
Le Métro des Lumières	27
Le Centre Commercial des Lumières	28
Challenge des Lumières	29
PARTIE II : les villages thématiques	**31**
Le village universitaire international	32
PARTIE III : dimension numérique du projet	**57**
L'intelligence artificielle	58
La technologie anti crash	59
La monnaie numérique	60
Les ICO entre sécurité et rentabilité	61
PARTIE IV : les ultra-hautes sciences et technologies	**63**
L'intelligenciologie	64
724logie	72
LGAME	73
PARTIE V : dimension financière du projet	**75**
Les I centers	76
L'impact des villages sur l'impôt	78
Comment multiplier par 22 la ↑PIB ?	80
Le PIB entre la chimère et la réalité	81
Valeur ajoutée et consommation	82
PARTIES VI : les 7 parlements internationaux	**85**
Les 7 parlements internationaux	86
PARTIES VII : le Train des Lumières	**95**
Le Train des Lumières	96

> Les seules limites que connaît la réalisation de l'avenir, ce sont nos doutes d'aujourd'hui.
>
> Franklin Roosevelt

PARTIE I :

C'EST QUOI LA MARCHE DES LUMIERES ?

Les 400 Villages thématiques

La Marche des Lumières est un projet grandiose qui consiste à construire entre autres 400 villages thématiques à l'échelle mondiale. Ces villages sont à la pointe du progrès.

24 Villages universitaires internationaux
24 Villages internationaux de l'écologie et de la protection de la planète
24 Villages internationaux de la science et technologie
24 Villages hospitaliers internationaux
24 Villages hôteliers internationaux
24 Villages internationaux des sports et des loisires
24 Villages internationaux du commerce
24 Villages internationaux de l'industrie
24 Villages internationaux de l'habitat
2 Villages internationaux de l'administration et de la justice
6 Villages internationaux de l'aéronautique et l'aérospatial
4 Villages internationaux de la valeur ajoutée
24 Villages internationaux de l'emploi
4 Villages internationaux du MLM
4 Villages internationaux de la gastronomie
24 Villages internationaux de la paix et l'entreconnaissance
16 Villages internationaux de la finance
2 Villages internationaux du transport
24 Villages internationaux de l'agriculture
24 Villages internationaux des I centers
2 Villages internationaux des droits de l'Homme
24 Villages internationaux de l'artisanat
24 Villages internationaux de l'art

Principaux objectifs de la Marche des lumières

> L'emploi
> La création de valeur ajoutée
> Le social
> L'écologie
> Le Légale
> La paix mondiale et la sécurité

Les objectifs de la marche des lumières sont nombreux.

L'objectif principal est de créer 2 500 000 postes d'emploi stables.

En effet, l'emploi est la pierre angulaire de tout développement. Ne dit-on pas que l'oisiveté est mère de tous les vices.

En outre, il est vrai que l'individu ne peut pas ne pas consommer. Cette consommation automatique s'appelle consommation incompressible qui vient diminuer la force productrice du pays parce-que ce sont ceux qui vont travailler qui vont payer les charges de ceux qui sont oisifs. À contrario, si nous créons des emplois, nous créons avec eux une stabilité morale, une stabilité sociale et aussi une amélioration du revenu global.

Ainsi si la Marche des Lumières réussi, le Maroc pourra peut-être d'ici quelques années devenir un pays pleinement développé.

Parmi les objectifs principaux figure aussi le côté social.
En effet, la santé, l'éducation, l'habitat et le transport sont des domaines extrêmement importants. Si la Marche des Lumières réussi, ces domaines vont connaitre un essor incroyable et placeront le Maroc à un niveau social important.

Parmi les objectifs principaux il y a aussi l'écologie.

Par le biais du village international de l'écologie et de la protection de la planète, la Marche des Lumières a un rôle moteur de l'écologie à l'échelle mondiale. Le village est le cœur battant des principales décisions dans le domaine de l'écologie et de la protection de la planète et ce à l'échelle mondiale. Son rôle est d'être le protecteur et le garant de l'écologie à travers le globe.

Par le biais du village international de l'administration et de la justice, la Marche des Lumières est aussi le garant de la légalité à l'échelle mondiale. Ce village est très important. Il a un rôle prépondérant dans tout ce qui touche à la légalité. Il participe même à l'élaboration des lois à l'échelle mondiale.

Parmi les objectifs principaux, il y a aussi la paix mondiale et l'entreconnaissance. Le village spécialisé dans la paix mondiale et l'entreconnaissance a été créé pour améliorer la paix à l'échelle planétaire et aussi pour instaurer un climat de confiance et d'entreconnaissance entre les peuples et aussi à la résolution des conflits à l'échelle mondiale.

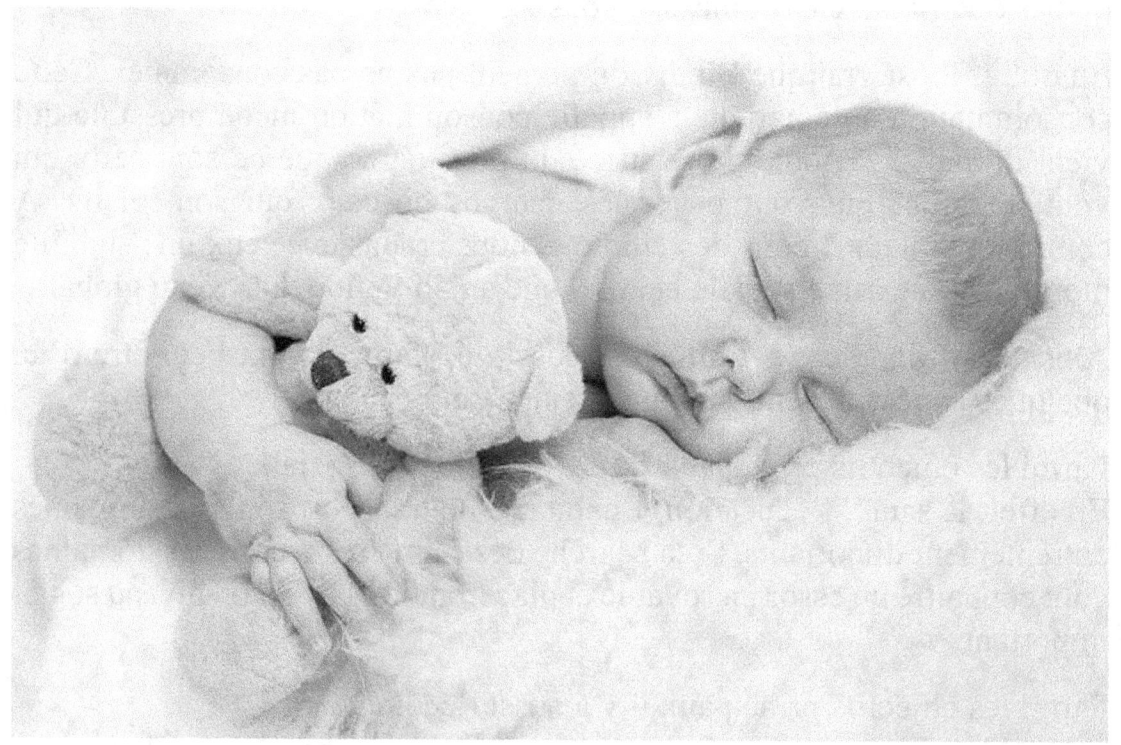

Le financement des projets

Pour créer 400 villages thématiques, il faut 2 775 milliards de dollars us.
Il y aura en tout 350 millions d'investisseurs.
3 500 000 marocains simples formeront le groupe A
100 000 investisseurs professionnels marocains formeront le groupe B
Et 346 400 000 étrangers formeront le groupe C

Les investisseurs du groupe A pourrons investir de 100 dirhams jusqu'à 60 000 dirhams
Ce n'est qu'à partir de la quatrième année qu'ils peuvent récupérer leurs investissements.

En ce qui concerne le groupe d'investisseurs C, chaque investisseur de type C a le droit d'investir dans une ICO internationale.

Les MMXX sont des tokens d'une monnaie numérique créée par Khalid LAAOULA et qui va servir à une levée de fonds numérique. Cette levée de fonds s'appelle une ICO.
En résumé cette ICO est une levée de fonds pour vendre une monnaie numérique appelée MMXX. Chaque investisseur peut en acheter autant qu'il veut. Ils n'ont aucun droit. D'où leur inquiétude à propos de cet investissement. C'est à ce moment précis que rentre en scène la puissance incontournable des ultra-hautes sciences et technologies qui font la fierté du Maroc et qui font d'ores et déjà partie du génome scientifique et technologique du pays.
Ainsi les acheteurs des MMXX peuvent profiter des ultra-hautes sciences et technologies du Maroc et qui sont à la pointe du progrès. Une fois les montants des investissements de type A répertoriés et aussi ceux des investissements de type C, il reste un manque. Ce manque est divisé par le nombre de participants de type B. Les investisseurs de type B pourront l'investir ce reliquat.

Ainsi les investisseurs de type B ne peuvent pas investir ce qu'ils veulent. De plus, il y a une grande différence entre les secteurs.

Si les autres investisseurs tels que le A et le C ont peur pour leurs investissements il n'en est pas de même pour les investisseurs de type B. Ils savent parfaitement bien ce qu'ils veulent et ils savent très bien à l'avance les sommes pharaoniques qu'ils vont empocher.

En résumé

A : Marocains simples : 3 500 000
  Entre 100 dirhams et 60 000 dirhams
  Apport 0,4% = 11 100 000 000 $ us
B : Marocains professionnels : 100 000
  R du sec   = Manque/nb de participant
    Apport 0,6% = 16 650 000 000 $ us
C : Etrangers : 346 400 000
  Libre montant   : MMXX : ICO
  Apport 99% = 2 747 250 000 000 $ us

Comment intéresser 350 millions d'investisseurs ?

En coranologie il y a une formule importante

$$1 = \infty$$

Celui qui a sauvé un individu c'est comme s'il a sauvé toute l'humanité. Si nous extrapolons cette formule à notre cas nous aurons besoin d'intéresser juste 3 personnes :

> 1 marocain simple au lieu de 3 500 000
> 1 marocain professionnel au lieu de 100 000
> 1 étranger au lieu de 346 400 000

Comment passer de 3 personnes à 350 000 000 personnes
Si l'on a réussi à réunir les atouts pour intéresser ces 3 personnes on peut extrapoler pour attirer et intéresser 350 000 000 personnes.
Cependant l'équipe organisatrice doit avoir certaines qualités comme : l'anticipation, l'adaptabilité, la rapidité, l'efficacité et l'efficience.

4 000 000 000 de nuitées est-ce possible ?

Pourquoi les touristes vont voir des monuments ?

C'est en grande partie parce que ces monuments sont très grands. L'individu est par nature attiré par les grandes choses. Ces projets vont tout d'abord attirer par leur taille. En suite les gens vont les apprécier aussi pour les autres qualités qu'ils ont.

Ces projets sont plus sûrs que les autres puisqu'ils bénéficient de la sécurologie ainsi que d'autres ultra-hautes sciences et technologies toutes convergentes vers une efficacité optimale.

Le système des 400 villages est la dynamo de la croissance mondiale. Chaque individu peut être intéressé par n'importe quel village. Le village des sciences et technologies et par exemple, est réparti sur 24 sites pour présenter une grande variété et aussi pour donner aux visiteurs des autres villages l'occasion d'accroitre leurs connaissances en matière scientifique et technologique.

L'apport touristique de ces villages combinés est si grand que le nombre de 4 milliards de nuitées parait comme quelque chose de raisonnable.

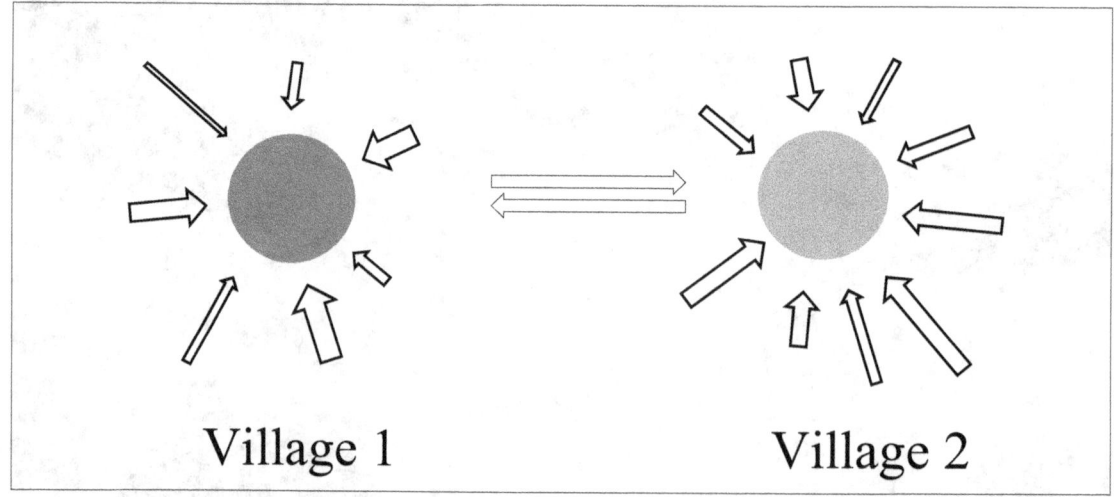

Nos prévisions sont-elles fiables ?

Tout d'abord nous ne faisons pas d'estimation parce que les estimations appartiennent à un monde aléatoire où l'incertitude peut fausser les résultats. Nos méthodes de calcul sont infaillibles et pour le moins à la pointe du progrès. Nous avons une vision claire et limpide de tout ce qui va arriver et nous avons le plein contrôle de notre environnement

Les échecs de nos concurrents ou même de nos chers alliés ne peuvent aucunement nous être préjudiciables. Le monde vie à chaque décennie des changement structurels qui remettent en cause ce qui est normal et ce qui ne l'est plus. Ainsi ce qui aujourd'hui peut paraître comme quelque chose d'extraordinaire ou même d'impossible peut devenir demain le b-a-ba de la normalité. Nous disposons pour ce faire d'une panoplie extrêmement avancée d'ultra-hautes sciences et technologies en avance sur tout ce qui est connu et qui nous permet avec certitude de connaitre à la fois l'avenir et de pouvoir anticiper les événements et ainsi de pouvoir optimiser nos actions. Ainsi un projet de 2775 milliards de dollars us peut paraitre comme une immense escroquerie ou un rêve inaccessible et utopique si l'on ne disposait pas de sciences et technologie extrêmement avancées ou d'une intelligence rare et vive.

En effet. Nous disposons de la solutiologie, de la sécurologie, de la tempologie, de l'architecturologie, de la déconcurrenciologie, de la richessologie…

Ces sciences nous ouvrent les portes d'un avenir glorieux où les projets les plus inaccessible deviennent des défis à la portée.

Déconcurrentiologie	: Leader sur le marché
Prospectologie	: Vision claire de l'avenir
Solutiologie	: Solution à tous les problèmes
Tempologie	: Contrôle du temps
Sécurologie	: Une sécurité optimale
Richessologie	: Des sources de financement

Le système des 400 villages

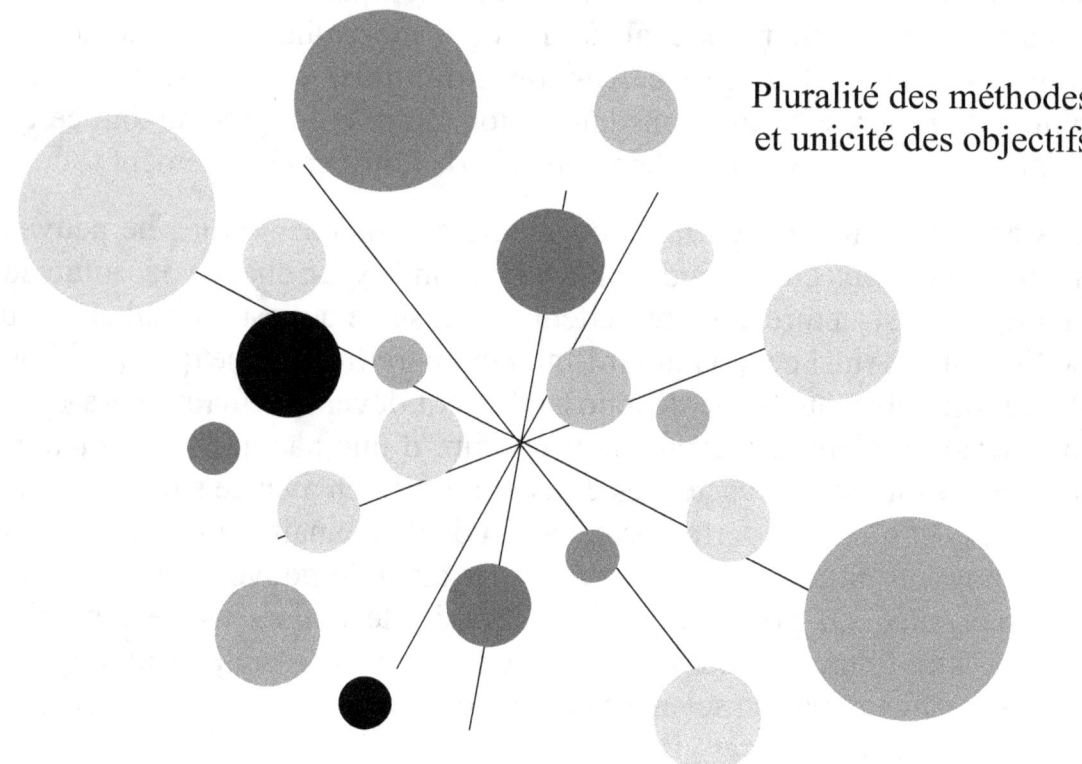

Pluralité des méthodes et unicité des objectifs

Ces villages sont loins d'être identiques. Ils ont chacun leurs spécificités mais ensembles, ils forment un tout. Il est vrai que le village qui se spécialise dans l'éducation comporte lui aussi des hopitaux, mais ceux-ci ne s'occupent que des urgences. Les véritables hopitaux multidisciplinaires sont ceux du village spécialisé dans la santé. Cet exemple peut être extrapolé aux 400 villages thématiques.

Ainsi, ce système fonctionne en armonie et en complémentarité où les uns complètent les autres pour permettre au pays d'atteindre un niveau de développement très élevé dans plusieurs domaines comme l'économie, l'étique, le social, le rural …

Un projet d'une telle ampleur est-il logique ?

> L'Etat ne va rien payer.
> Il n'y a que des bénévoles.
> Les contrats sont clairs.
> Tout est légale.

Les professionnels de la finance savent que la plupart des projets qui réussissent ont trois caractéristiques simultanément : La sécurité, la rentabilité et la liquidité.

Les professionnels de la finance vont donc très certainement conseiller nos projets à leurs clients. Il s'agit d'un tournant dans l'histoire de l'humanité. Un pays émergent réussit à réaliser un chef-d'œuvre international en une durée très courte et avec des moyens très modestes.

La gestion des villages

Les villages seront gérés par plusieurs sciences et technologies ainsi que plusieurs structures. Parmi les sciences il y a : la 724logie, la déconcurrenciologie, la prospectologie, la solutiologie, la tempologie, la gratuitologie, la sécurologie, la monnaiologie, l'intelligenciologie, la robotologie, la structurologie, la seuillogie, l'organisaciologie ...

Parmi les structures il y a : une banque internationale, plusieurs holdings, 7 parlements, plusieurs organisations internationales, 2 centrales internationales, une bourse internationale ...

Le management des ressources humaines

Il n'y a pas d'hiérarchie de travail ni même d'hiérarchie sociale.
C'est un petit monde qui fonctionne très différemment.
L'homme a de la valeur. La monnaie est involable et les policiers infaillibles. Les stars, les millionnaires et les simples personnes vivent normalement. Le luxe, la sécurologie, l'écologie, le bio et les ultra-hautes sciences et technologies sont partout. C'est un système en avance sur le reste du monde. L'argent n'est plus l'objectif principal. L'objectif principal est de créer de la valeur. C'est cette valeur créée qui est à l'origine de cette opulence et de la stabilité de ce système.

Il y a simultanément 3 rémunérations : une rémunération générique pour le travail elle s'effectue en dirhams, une rémunération pour l'éthique en MMXX et une rémunération en MAROCANIUM pour l'espoir.

Les robots intelligents ont une place respectable à l'intérieur de la communauté. Ils participent dans tous les secteurs. La rémunération des robots passe aux travailleurs du même secteur. Le chômage n'existe pas et le travail a été conçu pour être convivial.

Bienvenue dans le futur.

Dimension sociale des villages

Automatiquement, 3% du chiffre d'affaire des 400 villages vont aller directement à certains organismes qui les redistribueront aux méritants.
De plus, chacun des 400 villages a son propre programme social.
Bientôt, le domaine social au Maroc va devenir moins impératif et moins urgent. Le Maroc va très bientôt changer. L'ascension du Maroc à l'échelle mondiale va rehausser la situation des démunis.
Mondialement le futur se basera sur deux notions extrêmement importantes dans le futur : la valeur ajoutée et le comportement. Le Maroc va prendre le taureau par les cornes et va anticiper les évènements futurs.

Plusieurs pays vont essayer la technique du Maroc et réussiront automatiquement. C'est le début d'un cercle vertueux apporteur de paix et de prospérité.

Centrale internationale des ventes

La centrale internationale des ventes est un lieu spécial. C'est le centre névralgique du commerce à l'échelle mondiale. Tous ce qui est permis d'être vendu peut éventuellement être vendu ici. C'est un lieu où l'intelligence artificielle la plus élaboré au monde tourne 24h/24 et 7j/7. Cette intelligence a un nom. Elle s'appelle régie. C'est une machine plus intelligente que 99% des Hommes. Pour la sécuriser, les scientifiques ont élaboré une technologie de protection qu'ils ont appelé anti crash. L'anti crash est une limitation de zone thématique. Ainsi à l'intérieur de sa zone de liberté, régie peut s'épanouir librement sans présenter de danger pour qui que ce soit.

Il faut s'attendre à ce que dans le futur tous les ordinateurs et appareils intelligents ressembleront à régie et tous les protocoles de protection d'intelligence artificielles seront sous la réglementation anti crash.

Ceci peut paraitre étrange mais dans le futur certains domaines échapperont à la concurrence. Ils sont matières de droit. Ainsi la technologie ne sera pas qu'économie, elle sera aussi sécurité et réglementation.
La centrale internationale des ventes anticipe le futur et utilise déjà un protocole économique appartenant au futur. Ce protocole se base sur la déconcurrence mais ne dépasse jamais les limites de la légalité ou de la moralité. Le futur et le présent ne font qu'un.

Centrale internationale des achats

Pour acheter à des prix très bas les 400 villages vont créer une centrale internationale des achats. Cette centrale a pour rôle de ravitailler tout le pays ainsi que ses partenaires et ses clients.

Sont finies les ruptures de stock, les marchandises défectueuses ou les problèmes de recouvrement. Cette centrale est le chef d'orchestre de tout l'approvisionnement du monde. Rien n'échappe à sa vigilance. Avec la centrale internationale des ventes elles constituent les cœurs battants de tout le commerce du monde.

Le pays peut bénéficier alors de prix réduits, de produits de bonne qualité avec de meilleurs délais de paiements, avec des délais de distribution plus courts…

Le Métro des Lumières

La ville de Rabat manque cruellement d'un métro. Celui de Rabat n'est pas comme les autres. Il est tout d'abord à sustentation magnétique pour plus de confort pour les passagers.
Ensuite, il fait 12 mètres de marge pour permettre aux gens de se sentir libre.
Le toit est panoramique et transparent.
À l'intérieur des stations l'aire est filtrée et climatisée.
L'eau est bio-dynamisée.
Les stations sont insonorisées.
Les matériaux sont à l'épreuve du feu.
Il n'y a pas de conducteur, tout est automatisé.
Chaque station comporte une aire de repos, d'information, de culture, de communication et de restauration.

Centre Commercial des Lumières

Il y avait des marécages à perte de vue. C'était un paysage inhospitalier et désolé. Le génie marocain en a fait un chef-d'œuvre international. Le Centre Commercial des Lumières est né.

Avec ses 50 000 employés et ses 200 hectares, il est le centre commercial le plus grand du monde. Le parking est immense. Le toit du centre est un jardin suspendu, l'un des plus beau du monde. Il est centré par une fontaine incrustée dans une sculpture en titane, céramique et granite. Avec un espace jeu pour les enfants et des hôtesses d'accueil, ce centre est l'un des plus convivial du monde.

Le Challenge des Lumières

Les architectes marocains auront un défi à relever : la construction de 36 immeubles d'affaires de 333 étages au Maroc.

Le défi sera d'autant plus difficile à réaliser que le budget alloué à la réalisation de chaque immeuble est de seulement 124 millions de dollars us.

« Aujourd'hui et demain peuvent ne pas être pareils. Vous devez vous protéger »

Khalid LAAOULA

PARTIE II :

LES VILLAGES THEMATIQUES

Le village universitaire international

Quel étudiant refuserait-il d'étudier dans la plus prestigieuse des universités au monde ?

Quel parent refuserait-il à ses enfants d'étudier à la plus prestigieuse des universités au monde ?

Les marocains méritent-ils la meilleure université au monde ?

Sa capacité est d'un million d'étudiants ce qui en fait la plus grande université au monde. Pour plus de convivialité, elle est répartie en 24 sites. Cinq mille professionnels travailleront dans cet établissement à la pointe du progrès. Liberté de module et technologies de pointes sont au quotidien. On y étudie des ultra-hautes sciences et technologies uniques. Elles sont par la suite transmises au reste du monde.
Les diplômes sont numériques et infalsifiables.

Le village international de l'écologie et de la protection de la planète

Le village international de l'écologie a pris la noble mission de protéger l'écologie à travers le monde. La plantation de millions d'arbres équilibrera le cycle du carbone. La terre absorbera autant de carbone qu'elle dégage.
Si la mission réussit la biodiversité sera protégée, la famine n'existera plus et l'eau deviendrait abondante.
Ce village sera le centre stratégique de l'écologie à l'échelle mondiale. Il participera à l'élaboration des lois pour la protection de la planète et de tous ses habitants faune et flore.

Le village international des sciences et technologies

Le village international des sciences et technologies est multidisciplinaire. Il dispose de 136 nouvelles ultra-hautes sciences uniques au monde. Ces sciences sont à la pointe du progrès et garantissent un avenir radieux au Maroc.

Il dispose aussi de 2 monnaies numériques mondiales TECHNOLOGIA et INTELLIGENTIA et de 2 parlements internationaux qui portent les mêmes noms c'est-à-dire TECHNOLOGIA et INTELLIGENTIA.

Bien que centré sur la recherche, il produit de grandes quantités de médicaments, d'engrais, de pesticides et d'autres produits. Tous les produits fabriqués dans ce laboratoire sont bios.

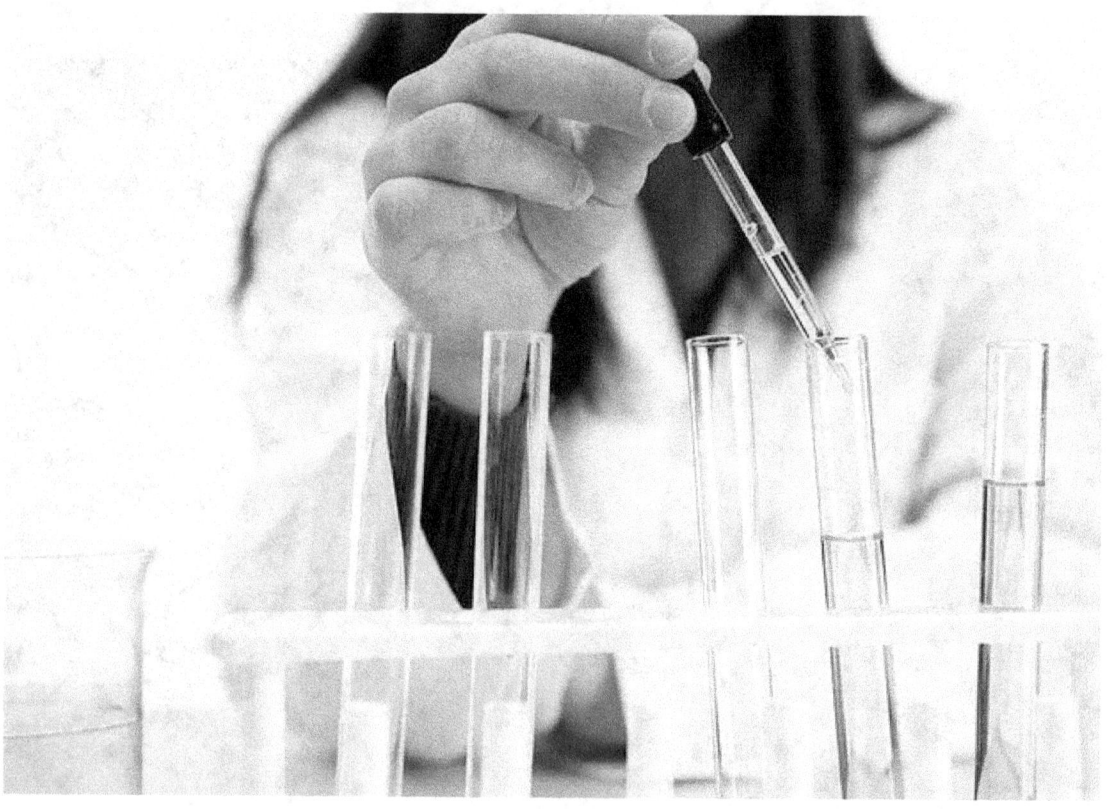

Le village hospitalier international

Il y a une question que les marocains ne se sont jamais posée.
Nos enfants méritent-ils la meilleure clinique au monde ou se contenteront-ils de veines excuses ?

Si la réponse est oui, le village sera peut-être l'une des merveilles du monde.

En effet, les marocains ont des compétences et aussi de l'argent ce qui manque c'est juste l'initiative.

Aujourd'hui, nous regardons la réalité en face. C'est à nous de répondre à la question voulons nous prospérer ou pas.
La décision nous revient.

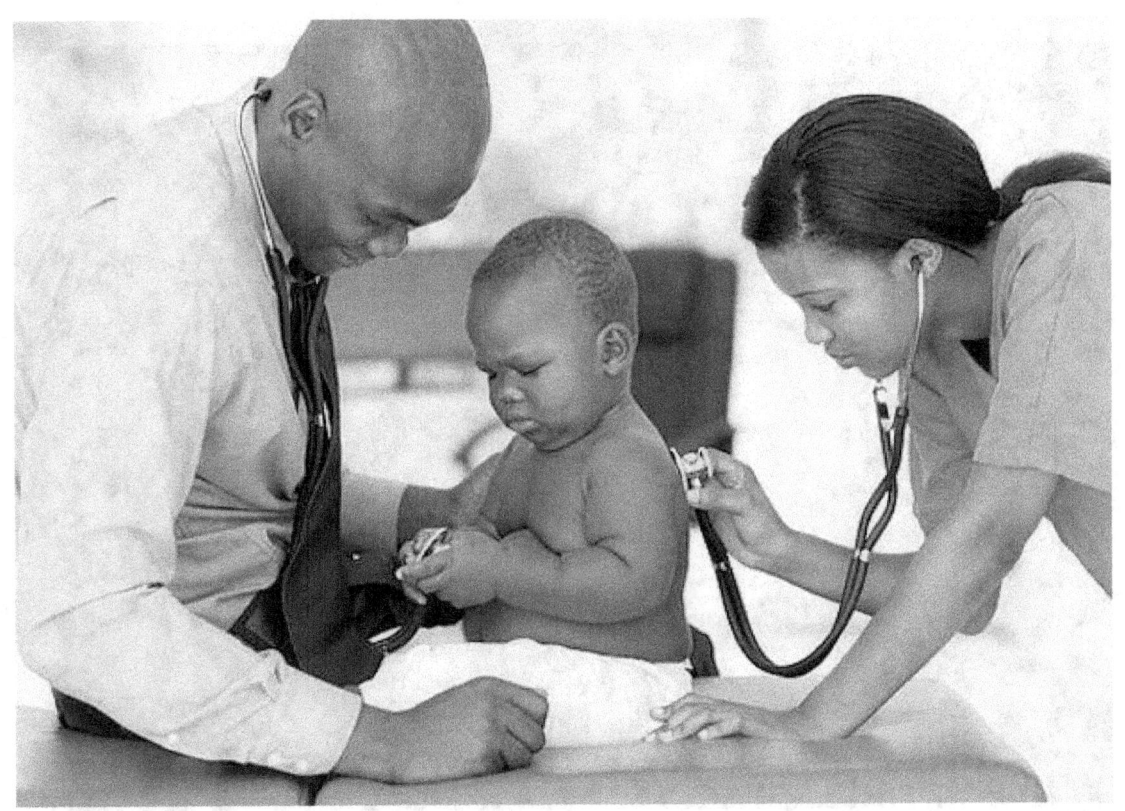

Le village hôtelier international

Quel touriste refuserait-il de passer d'incroyables vacances dans le meilleur hôtel du monde ?

Un hôtel qui a couté plus de 200 milliards $ us et qui bénéficie de technologies en avance sur le monde.

Sa capacité est d'un million de chambres ce qui en fait incontestablement le plus grand hôtel du monde. Pour plus de confort l'hôtel est dispatché sur 24 sites.

Cinquante mille professionnels travailleront dans cet établissement à la pointe du progrès.

La technologie n'a jamais si bien servi et protégé la nature.

Aimeriez-vous passer vos vacances dans un village féérique.
Sont au menu du jour : la nourriture bio, l'eau bio-dynamisée, des paysages magnifiques, une équipe professionnelle à votre service, une sérénité, un calme, des conseillers, le confort de plusieurs grands hôtels. Ce n'est pas un grand défi. Le marocain est convivial par nature.
Les concepteurs ne font que présenter la grandeur d'âme du marocain dans un style sécurisé et harmonieux.

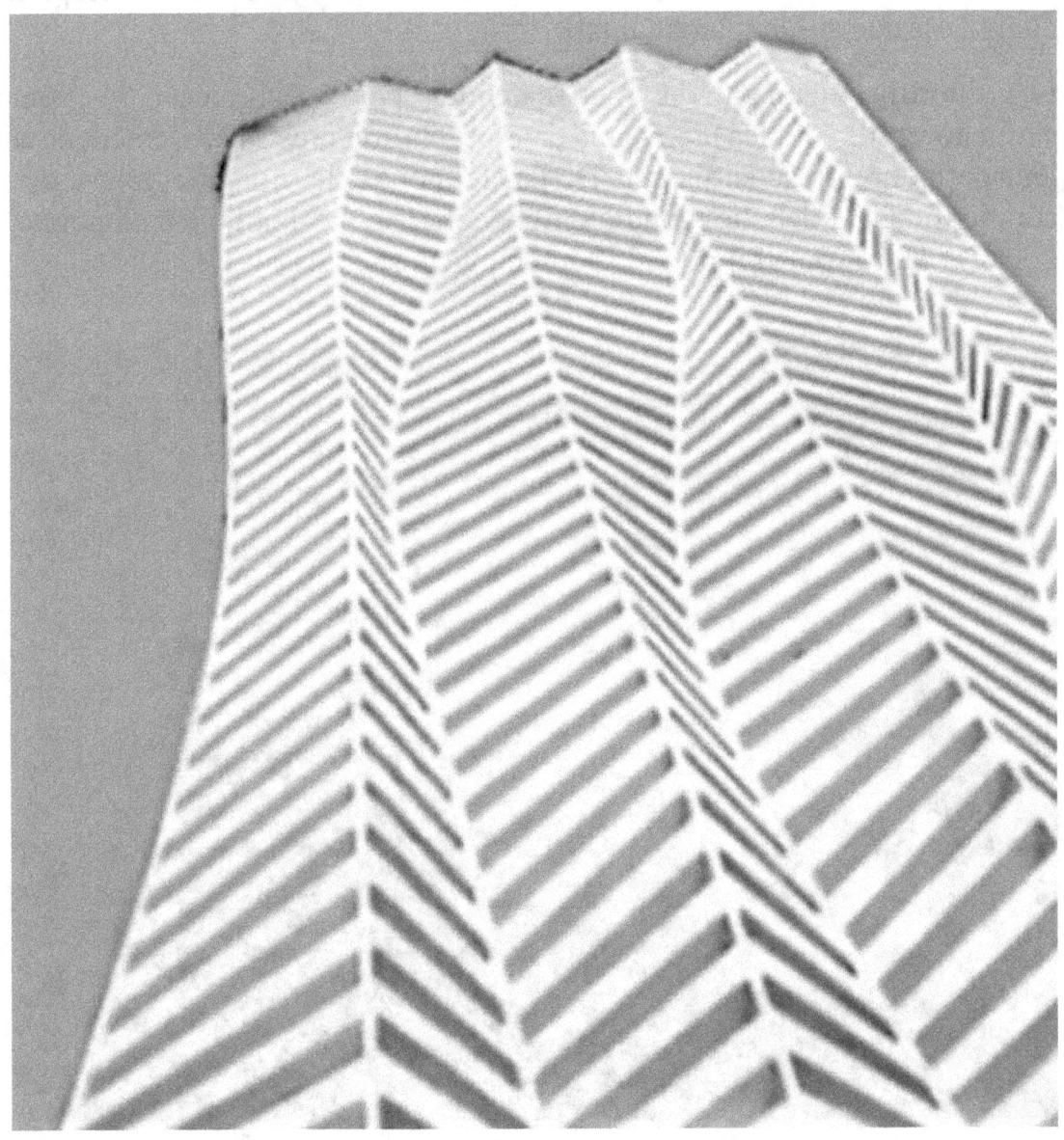

Le village international des sports et loisirs

Le village va créer 144 clubs de haut niveau dans le but précis d'améliorer le sport et d'intéresser beaucoup de personnes au sport.

Les possibilités sportives et de loisir seront améliorées tant sur le plan quantitatif que sur le plan qualitatif.

Les sportifs viennent du monde entier pour s'organiser et pour s'améliorer. Ils sont les bienvenus dans cet endroit créé spécialement pour leur permettre de se surpasser. De par le monde, le village organise des compétitions à l'échelle mondiale. Il bénéficie de technologies de pointe. Il est le centre sportif mondial et son budget est colossal.

Le village international du commerce

Le village international du commerce est dispatché sur 24 sites. Chacun d'eux fait 200 hectares et chacun d'eux crée plus de 10 000 postes d'emploi stables. Avec une recherche sécurologique de pointe, il sera l'un des établissements les plus sûrs au monde.

Rien n'est trop beau, trop cher, ou inaccessible pour cet édifice qui sera la preuve du génie marocain. C'est un établissement qui rayonne sur toutes les plateformes commerciales du monde. Au centre de cet établissement se dresse un colos une banque qui accepte toutes les monnaies du monde. C'est la plateforme principale du commerce international et aussi des monnaies numériques.
Elle règle le commerce à l'échelle mondial et aussi la finance. Elle dispose de son propre parlement international et de sa propre monnaie numérique mondiale appelés tous les deux : FINANCIA.

Le village international de l'industrie

Le village international de l'industrie est la société d'industrie la plus sophistiquée au monde. Il utilise des ultra-hautes sciences et technologies comme la déconcurrenciologie, la prospectologie, la structurologie, la sécurologie, l'impactologie …
Il crée tous les produits dont a besoin le pays, ses clients et ses partenaires. Il bénéficie aussi d'une robotique de pointe, de programmes ultra intelligents et de matériaux encore inconnus du grand public.

Il dispose de sa propre monnaie numérique et de son propre parlement international qui portent tous les deux le nom de STRATEGIENTIA.
Il joue le rôle de régulateur des industries à l'échelle du globe et coordonne la circulation des objets, services et individus.

En plus de la 724logie, il utilise les I centers pour abolir les obstacles d'espace, de temps, de manque d'informations fiables et de démarches administratives complexes pour accroitre sa crédibilité son efficacité et son efficience.

Le village international de l'habitat

Au cœur du village international de l'habitat se dressera un géant. L'un des 36 immeubles de 333 étages. Comme tous les autres immeubles de 333 étages, il comporte plus de 1200 appartements d'un luxe euphorique. Nul au monde n'a jamais atteint ce niveau de précision et de perfection. La construction est pour la plupart robotisée. Les technologies sont inconnues, comme l'armature faite d'un alliage titane, carbone, fibres de carbone et céramique. Les matériaux sont tous inoxydables et à l'épreuve du feu.

Le village international de l'administration et de la justice

L'administration est une structure très importante. Elle est le rempart entre l'individu et le chaos. Sans elle la vie en société serait au meilleur des cas une survie et au pire des cas une agonie. La Marche des Lumière a consacré un village extrêmement évolué à l'administration. Il se nomme le village international de l'administration et de la justice.

Il a pour principaux objectifs :

- D'organiser l'administration et la justice à travers le monde
- Participe à l'élaboration des lois internationales
- Soutenir les administrations et la justice à travers le monde
- Promouvoir mondialement les actions de l'administration et la justice

Le village international de l'aéronautique et de l'aérospatial

La quasi-totalité des personnes croient que le Maroc ne dispose pas de technologie aéronautique encore moins aérospatiale. Rien n'est aussi faux. Le Maroc a une avancée vertigineuse en matières aéronautique et aérospatiale. Il est vrai que concrètement aucun projet ambitieux n'a vu le jour, mais les recherches théoriques marocaines n'ont rien à envier au reste du monde. Elles sont même en avance.

Les objectifs du village en matière aéronautique sont clairs :
- L'aéronautique privée
- Défense du territoire
- Défense de la planète
- Améliorer la technologie aéronautique

Les objectifs du village en matière aérospatiale sont clairs :
- Améliorer la communication
- Défense du territoire
- Défense de la planète
- Connaissance de l'univers
- Améliorer la technologie aérospatiale

Le budget alloué à ce village est phénoménal et les entrées le sont aussi.

Le village international de la valeur ajoutée

Nul au monde ne connait mieux que nous l'importance de la valeur ajoutée dans le futur. Elle en sera l'un de ses piliers.
En effet, les piliers de la réussite dans le futur seront :
- La valeur ajoutée
- Le comportement

La valeur ajoutée n'est pas simplement un moyen de gagner de l'argent. C'est un devoir social, une méthode d'intégration sociale, et surtout le principal pilier de structuration de la société. Sans elle, il ne peut y avoir de société.

Le village international de la valeur ajoutée a pour rôle de structurer la valeur ajoutée dans le monde entier. Il commence certes par les 400 villages puis il extrapole pour le reste du monde.

Comme les autres villages il utilise les ultra-hautes sciences et technologies pour plus d'efficacité, d'efficience et de sécurité.

Le village international de l'emploi

Le chômage est aujourd'hui le principal obstacle à l'épanouissement des pays. Le village international de l'emploi est une structure qui a pour mission de résoudre le problème du chômage à l'échelle mondiale. Il dispose d'une panoplie d'ultra-hautes sciences et technologies toutes à la pointe du progrès. La tâche du village semble difficile, mais en vérité la solutiologie classe le chômage comme un problème extrêmement facile à résoudre. Elle va même jusqu'à le classer quelque fois comme un gâteau stratégique et non pas comme problème. Si le Maroc réussi à créer en 3 ans 2 500 000 postes d'emploi, la solutiologie sera considérée comme la science du millénaire.

Le village international du mlm

Les réseauteurs souffrent d'un manque de respect et de reconnaissance de la part de leur entourage ainsi que de la majorité des gens. Le village international du mlm s'est assignée la rude tâche de coordonner tout le secteur du mlm à l'échelle mondiale et de revaloriser la profession du mlm.

En effet, le village international du mlm est un espace dédié à améliorer la situation des réseauteurs du mlm et de focaliser tous leurs efforts pour atteindre la réussite.

Le village international de la gastronomie

Déployé sur 4 sites de plus de 200 hectares chacun, le village international de la gastronomie est au summum de la gastronomie à l'échelle mondiale. Chaque région disposera de sa propre école culinaire internationale. Les cuisiniers marocains méritent de se faire connaitre à l'échelle mondiale et aussi d'être les ambassadeurs de la gastronomie marocaine à travers le globe.

Les spécialistes de la cuisine mondiale passeront ici des vacances aussi enrichissantes que mémorables. Ils seront d'attaque et plein de ressources à leur retour chez eux.

Le village international de la paix et l'entreconnaissance

Le monde manque cruellement d'organisations pouvant réduire les guerres et les conflits entre les pays. La tâche du village international de la paix et l'entreconnaissance ne sera pas facile. Il devra, en étant parfaitement légal et parfaitement moral, résoudre des conflits tellement enracinés dans la psychologie des gens, que l'issu peut paraitre à l'avance comme étant funeste.

Pour défier ces fâcheuses probabilités tous les moyens scientifiques et tactiques légaux et moraux sont bons. Le village devra se surpasser pour avoir une chance de résorber des conflits extrêmement meurtriers. Il devra, au mépris du danger avancer vers l'inconnu et accomplir l'incroyable. Pour ce faire il dispose d'ores et déjà d'ultrahautes sciences et technologies à la pointe du progrès. Il dispose aussi de moyens très étendus qui peuvent à terme faire la différence. Il dispose en fin de l'aide de tout le système des villages qui l'appui et le soutient sans aucune réserve.

Le village international de la finance

La finance est le cœur battant de l'économie mondiale. Ces derniers temps ce domaine a connu des chamboulements profonds qui ont littéralement changé la donne en matière de géopolitique internationale. Le monde a été stupéfait par l'apparition de monnaies numériques qui ont restructuré le paysage financier international. Le monde financier est actuellement encore en ébullition. C'est en ces temps tourmentés qu'a vu le jour le village international de la finance.

Il a tout de même des atouts : la monnaiologie, les I centers, la déconcurrentiologie sont des alliés fiables et honnêtes

Il a pour principaux objectifs :

- D'organiser la finance à travers le monde
- Participe à l'élaboration des lois financières internationales
- Soutenir les structures financières à travers le monde
- Promouvoir mondialement la finance

Le village international du transport

Le transport est une activité ancestrale. Elle émane d'un besoin vital. Aujourd'hui le transport est devenu sophistiqué et bien organisé. Pour réduire tous les aléas du transport, la Marche des Lumières a prévu de construire un village international très important. Il se nomme le village international du transport. Il est dispatché en 2 sites de plus de 200 hectares chacun.

Il a pour principaux objectifs :

- D'organiser le transport à travers le monde
- Participe mondialement à la création des infrastructures de transport
- Participe à l'élaboration des lois internationales du transport
- Soutenir les société et organisations de transport à travers le monde

Le village international de l'agriculture

L'agriculture a toujours été un des piliers du développement. Le village international de l'agriculture a pour objectif d'organiser le secteur de l'agriculture dans le monde entier.
Il est déployé sur 24 sites de plus de 200 hectares chacun. Il vise la qualité et la quantité pour chaque produit.

L'administration est une structure très importante. Elle est le rempart entre l'individu et le chaos. Sans elle la vie en société serait au meilleur des cas une survie et au pire des cas une agonie. La Marche des Lumière a consacré un village extrêmement évolué à l'administration. Il se nomme le village international de l'administration et de la justice.

Il a pour principaux objectifs :

- D'organiser l'administration et la justice à travers le monde
- Participe à l'élaboration des lois internationales
- Soutenir les administrations et la justice à travers le monde
- Promouvoir mondialement les actions de l'administration et la justice

Le village international des I centers

Parmi les chefs-d'œuvre de la technologie marocaine figurent les I Centers. Ils sont capables d'abolir les distances et le temps. Ils permettent à l'investisseur d'avoir un tableau de bord et de choisir minutieusement ses investissements à l'échelle de la planète d'une manière instantanée et sécurisée. Ils sont une perfection de professionnalisme, d'efficacité et d'efficience. Ceux sont les joyaux les plus précieux et ingénieux de l'économie marocaine. Ce n'est pas une surprise que la Marche des lumières érige un village dédier à organiser les I centers à l'échelle mondiale. Ce village est dispatché en 24 sites de plus de 200 hectares chacun.

Ce village a pour principaux objectif :

- De coordonner le fonctionnement du système I Centers
- De participer à développer le système I Centers mondialement
- De présenter le système I Centers mondialement

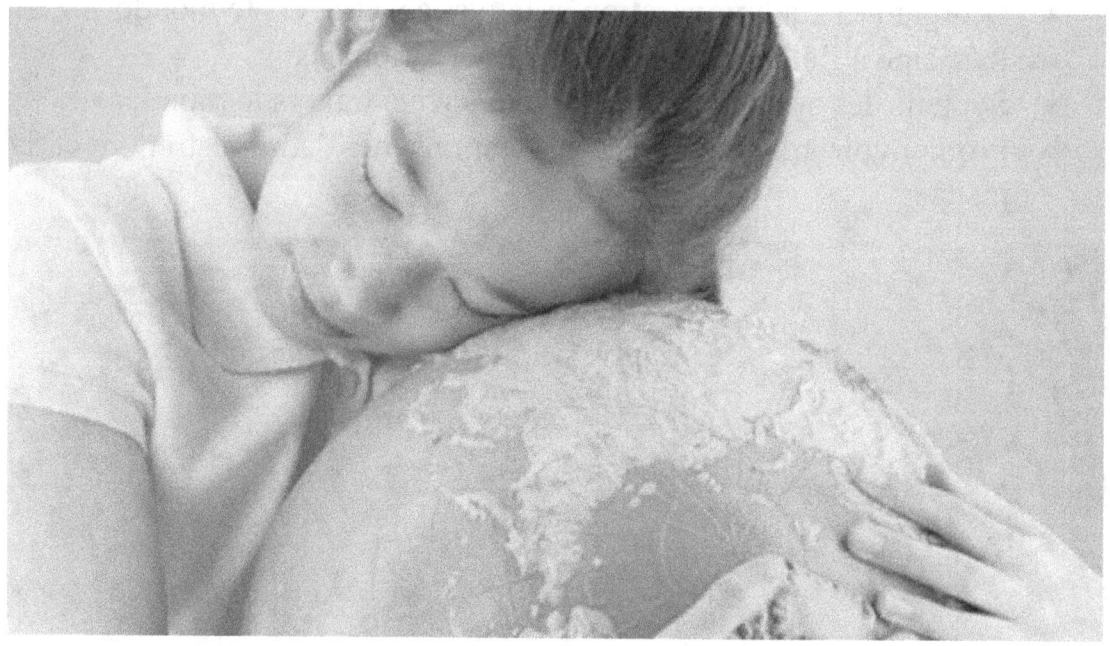

Le village international des droits de l'Homme

Il y a longtemps les droits étaient bafoués. L'Homme n'avait aucun droit et les plus forts dominaient les plus faibles. Aujourd'hui le monde est différent. L'Homme s'est quelque peu assagit et la barbarie a diminué.

Pour améliorer la situation des droits de l'Homme à l'échelle de la planète, la Marche des Lumière s'est dotée d'un mastodonte du droit de l'Homme. Il s'agit du village international des droits de l'Homme. Se village est scindé en 2 sites. Chacun d'eux fait plus de 200 hectares.

Il a pour objectifs principaux de :

- Préserver les droits de l'Homme
- Protéger et aider les individus
- Participer à l'élaboration des lois relatives aux droits de l'Homme

Le village international de l'artisanat

L'artisanat a toujours été un secteur très productif. Il reflète l'héritage culturel. Son importance est capitale. C'est pourquoi la Marche des lumières lui a consacré un village très important dispatché sur 24 sites. Chaque site fait plus de 200 hectares. Ce village se nomme le village international de l'artisanat.

Les principaux objectifs sont :

- Le développement de l'artisanat à l'échelle mondiale
- La coordination des artisans à l'échelle mondiale
- La protection des droits des artisans à l'échelle mondiale
- L'enseignement des artisans à l'échelle mondiale

Le village international de l'art

Déployé sur 24 sites de plus de 200 hectares chacun, le village international de l'art est au summum de l'art à l'échelle mondiale. Chaque région disposera de son propre musée international. Les artistes marocains méritent d'être connus du monde entier

Le village international de l'art a pour objectif d'aider les artistes marocains et étrangers à se surpasser et à donner le meilleur d'eux même pour rehausser le niveau artistique mondial.
L'art est un pilier du développement, ce n'est que justice rendu que d'œuvrer pour lui redonner la place qui lui est due.

> Il n'y a d'impossible que d'illégal.
>
> Khalid LAAOULA

PARTIE III :
DIMENSION NUMERIQUE DU PROJET

L'intelligence artificielle

Il y a quelques années l'intelligence artificielle, ou IA faisait encore partie de la science-fiction. Aujourd'hui c'est le premier cheval de batail du secteur technologique. Elle a pris une telle ampleur en si peu de temps qu'elle s'est imposée dans d'innombrable secteurs :
Secteur médical, secteur de production, les jeux, secteur militaire …

Certains scientifiques sont retissant à l'idée d'une IA trop puissante. Ils ont peur qu'elle devienne dangereuse ou qu'un pirate l'utilise à des fins dangereux ou illégaux.
Dans le futur l'IA sera omniprésente. Elle sera protégée par un protocole. Le premier protocole de protection de la IA va s'appeler Anti crash. C'est une technologie relativement simple basée sur des lois strictes pour réduire les débordements.
Elle va d'ici quelques années littéralement transformer la notion même de travail.

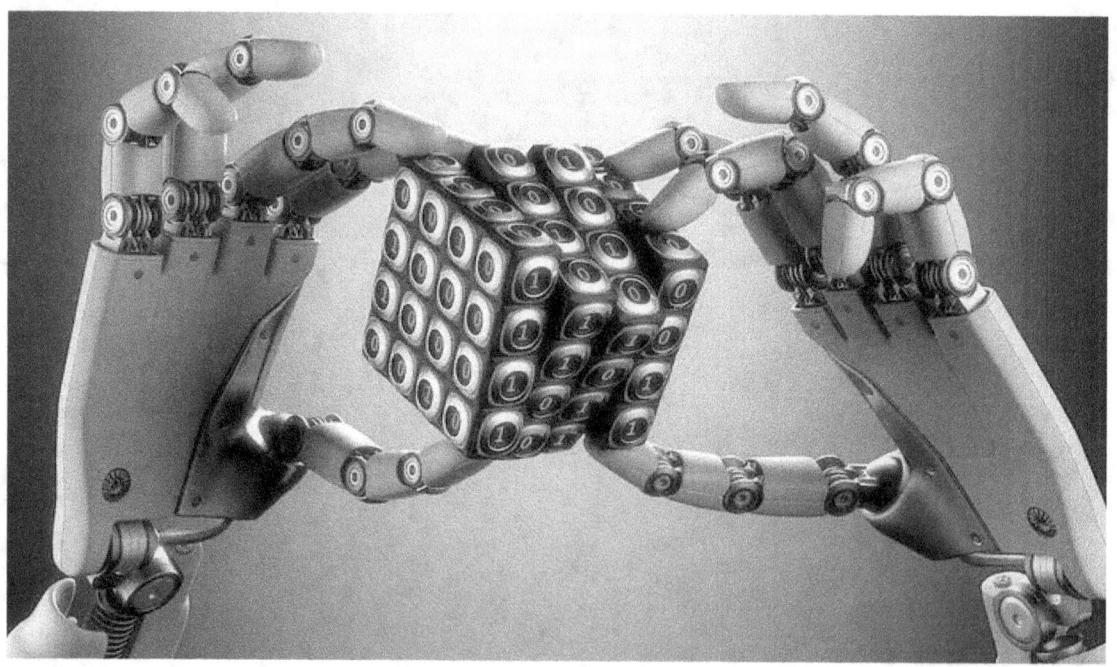

La technologie anti crash

L'intelligence artificielle est une intelligence simple et brute. Quand elle atteint un degré d'intensité, elle devient dangereuse. Le rôle de la technologie anti crash est de délimité le domaine de l'épanouissement de l'intelligence artificielle pour qu'elle ne déborde pas de son domaine.

L'Homme n'a pas qu'une intelligence simple. Il a su s'adapter. Son instinct est le fruit de longues années d'expérience. Il dispose aussi de reflexes innés et d'un jugement rationnel et adaptatif extrêmement évolué.

Malgré que la machine soit plus rapide, elle ne peut pas se substituer à l'Homme. Il lui faut toujours un guide. Ce guide sert à placer un objet ou une action à l'intérieur d'un environnement. Il est souvent qualifié pour prendre des décisions et prononcer un jugement.

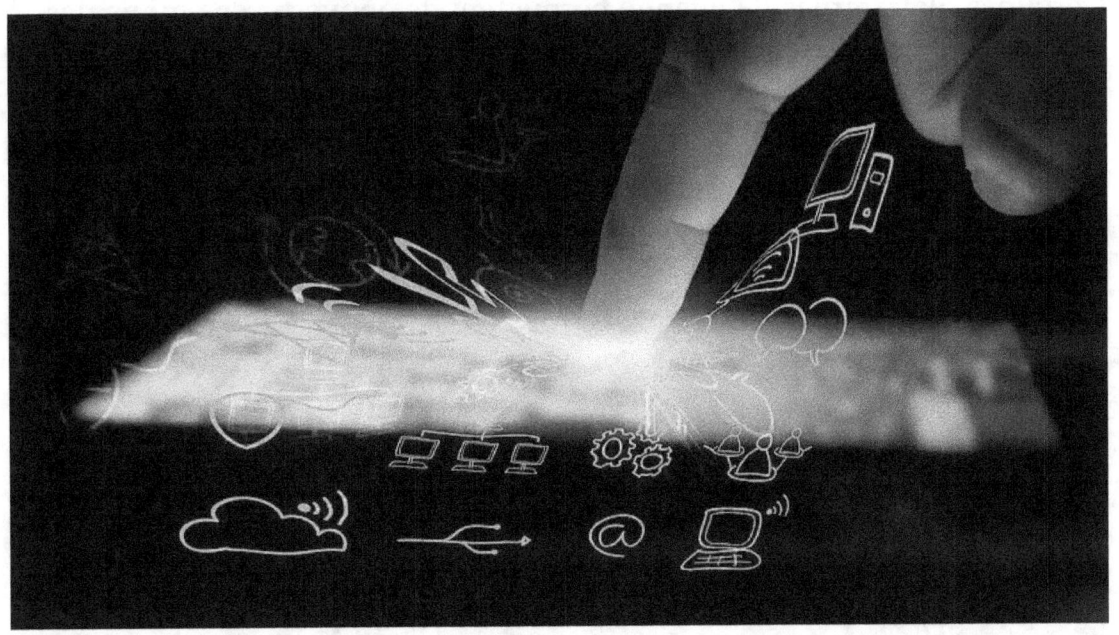

La monnaie numérique

La monnaie numérique est un moyen de paiement alternatif qui s'oppose à la monnaie fiduciaire et aussi à la monnaie scripturale. La monnaie numérique est décentralisée alors que les autres sont centralisées.

L'intérêt pour l'utilisateur, est qu'il n'a pas à passer par une banque. Il peut réaliser des transactions directement avec un autre utilisateur, où qu'il soit et à un coût plus faible que celui de la banque.

Les crypto-monnaies utilisent une technologie de sécurité appelée blockchain.

En d'autres termes, un grand réseau d'utilisateurs sécurise les transactions en crypto-monnaies.

Certaines plateformes de change permettent de convertir des monnaies classiques en crypto-monnaies. Les monnaies classiques sont appelées monnaies FIAT.

Les ICO entre sécurité et rentabilité

Les ICO constituent un mode de financement de l'économie numérique puisqu'ils peuvent servir à financer des projets. Si une plateforme accepte d'assurer la cotation du token, il peut s'acheter et se vendre librement et prendre de la valeur. Cependant des risques de perte et de fraude sont à prévoir.

Notre token s'appelle MMXX cela veut dire 2020. Le MMXX a été créé par Khalid LAAOULA sous la forme d'une cryptomonnaie néanmoins son fonctionnement est très différent des autres cryptomonnaies puisqu'il est utilisé ici comme récipient où on va y mettre des choses extrêmement complexes. Le MMXX peut être une monnaie antivol. Il peut aussi être une monnaie antiterrorismologique. Il peut être aussi un palliatif à l'impôts. Il peut devenir une monnaie ou rester juste une simple valeur. Tout est possible.
Pour comprendre c'est quoi le MMXX au juste, il faut tout d'abord comprendre c'est quoi la monnaie.

> ## La monnaie c'est de la confiance graduée.

La monnaie est généralement un lien qui existe entre l'individu et l'Etat. Ce lien est un lien de confiance. Quiconque touche ce lien c'est comme s'il touchait la suprématie de l'Etat. Il met en danger l'existence même de l'Etat. C'est pourquoi un faussaire est punit très sévèrement. Le MMXX n'est pas simplement une monnaie. La MMXX est quelque chose d'extrêmement complexe qui se compose de plusieurs formules, de plusieurs valeurs et il évolue à travers le temps et à travers les événements. Il est épaulé par une multitude d'ultra-hautes sciences et technologies ainsi que plusieurs objectifs et plusieurs projets.

Défions l'impossible et avançons ensemble vers le futur.

Khalid LAAOULA

PARTIE IV :

LES ULTRA-HAUTES SCIENCES ET TECHNOLOGIES

L'intelligenciologie

Définition :

L'intelligenciologie est la science qui a pour objet d'étudier l'intelligence. L'intelligence peut se définir en intelligenciologie comme la capacité de trouver une solution à un questionnement ou à un problème d'une manière logique, structurée et volontaire et ce dans son propre intérêt.

C'est aussi la faculté de percevoir et de comprendre l'environnement.

L'intelligenciologie est capable de différencier entre plusieurs types d'intelligence et les mesurer grâce à un système de comparaison multidimensionnel.

On peut dire que l'intelligence est bidimensionnelle car elle se caractérise par son type et son niveau.

Impact :

L'impact ne peut qu'être bénéfique car plus on est intelligent et plus l'on fait de choix rationnels et donc plus on est accepté par la société. En revanche quand une personne manque d'intelligence, elle peut croire à tort qu'elle n'a pas d'autre solution que de recourir à des actes irrationnels généralement inacceptables par la société.

En effet, l'intelligence ouvre des voix qui ne sont pas envisageables par une personne n'ayant pas suffisamment d'intelligence.

La déconcurrenciologie

Définition :

La déconcurrenciologie est la science qui étudie la déconcurrence.
Il y a déconcurrence quand un vendeur est responsable de l'augmentation légale du chiffre d'affaire de certains de ses concurrents.

Principe de base :

Un établissement prestigieux peut aisément déconcurrencer ses déconcurrents se trouvant à proximité.

Exemple :

Un restaurant vient d'être construit sur le toit d'un monument grandiose et très visité. Les anciens restaurants se trouvant au pied du monument seront déconcurrencés par le restaurant qui est sur le toit.
En effet, ces restaurants vont connaitre une augmentation de leur chiffre d'affaire car certains clients du restaurant du toit ne trouveront pas de place et seront amenés à manger dans l'un des restaurants du bas.

Impact :

La déconcurrence n'a que des côtés positifs pour tous.
Elle est légale, accentue la valeur ajoutée globale et pousse à la performance.

Dans le futur la déconcurrence sera très utilisée.

La monnaiologie

Définition :

La monnaiologie est l'ultra-haute science qui a pour objectif à la fois d'étudier les monnaies et aussi d'étudier et mettre en place des protections du système monétaire et financier.

Principe de base :

La monnaiologie est théoriquement très avancée mais en pratique elle se heurte à des problèmes techniques et aussi éthiques.
En effet la monnaie attire aussi bien le spéculateur, que le pirate, que l'acheteur, que monsieur tout le monde et le terroriste.

Quand il y a invisibilité tout est permis.

La monnaiologie a donc fait un compromis : moins d'invisibilité et plus de sécurité, de clarté et d'éthique.

Impact :

Les monnaiologues marocains projettent de créer une cybermonnaie en 2020 afin de protéger le Dollar américain des attaques de cybermonnaies non sécurisées. Cette cybermonnaie se nommera MMXX et chaque token vaudra 200 Dollars US.
Les MMXX seront achetés, vendus et consommés au prix initial de 200 Dollars us l'unité. Sa valeur ne fluctue pas beaucoup par rapport au Dollar us. Les MMXX seront achetés, vendus et consommés à travers le monde sauf au Maroc où ils ne seront que consommés.

Le pourquoi de ce mécanisme :

Certaines personnes font sortir des devises du Maroc. Cela entraine quelquefois un manque de devises au Maroc. Avec la distribution des MMXX moyennant devises, le Maroc récupère une partie des devises qui lui manquent.

Cette cybermonnaie, très fiable, aspirera progressivement certaines cybermonnaies dangereuses et protégera le dollar us et le système monétaire international sans porter le moindre préjudice aux monnaies et aux cybermonnaies légales.

La solutiologie

La solutiologie est une science qui a pour objet la détection, l'étude, le traitement et la prévention des problèmes. Ainsi la solutiologie est l'ensemble des connaissances scientifiques et des moyens mis en œuvre pour améliorer, maintenir ou rétablir une situation avec optimisation des moyens. C'est aussi l'art de trouver plus rapidement, plus efficacement et au moindre coût une solution facile et faisable en toute légalité, sécurité, moralité et simplicité.

Généralement la solutiologie est une science qui se trouve à la jonction des sciences exactes, des sciences sociales et de la technique. Elle utilise notamment la logique mathématique comme base de travail et une méthodologie empruntée aux sciences sociales ainsi que des moyens appartenant au monde de la technologie.

Atypique et hétéroclite, la solutiologie s'adapte à de nombreux domaines qu'elle incorpore comme expériences pour accroitre son efficacité, son efficience et son rendement. Cependant, elle garde toujours un but précis qui la distingue des autres sciences. Ce but est de résoudre les problèmes avec une méthodologie propre à elle.

Elle est notamment en avance technologique en ce qui concerne l'eau, l'architecture, la finance et le management ; autant de sciences et technologies qu'elle applique à des fins écologiques, humanitaires et économiques.

Il y a autant de branches de la solutiologie que de disciplines ayant besoin de rechercher une solution à un problème donné. Son champ d'application est donc très vaste. Il englobe presque toutes les sciences et disciplines, à part la médecine et une petite partie de la sociologie s'occupant des rapports affectifs.

Elle œuvre pour résoudre les problèmes les plus variés appartenant à des disciplines et des technologies complétement différentes. Sa multidisciplinarité lui confère une omnipotence très étendue et très appréciée. Le monde a besoin d'une avancée considérable dans des domaines salutaires comme l'écologie, la finance et l'humanitaire.

Avec son avancée technologique en économie, la solutiologie œuvre pour un monde plus équilibré financièrement. Les crises seront plus facilement gérables et beaucoup moins destructrices.

Histoire de la solutiologie

Si la solutiologie n'a vu le jour que très dernièrement, elle est désormais une science autonome et autosuffisante. Paradoxalement, elle a pris beaucoup de retard à naitre. Chaque science ou discipline s'est forgée au cours du temps, une méthodologie propre pour résoudre ses problèmes. La recherche de solution à un problème donné est donc une activité ancestrale.

Pourtant, malgré son jeune âge, aucune autre science à ce jour n'a atteint un niveau de compréhension des problèmes comparable au sien.
La question de pourquoi la solutiologie est née, n'a pas lieu d'être. La plupart des gens aspirent désespérément à résoudre leurs problèmes. La solutiologie a donc des milliards de demandeurs potentiels. La question qui peut se poser, est pourquoi n'est-elle pas née avant. C'est un paradoxe. L'homme croit à tort qu'il peut gérer seul ses problèmes. Il lui faut obligatoirement un cadre structuré et une démarche réfléchie.

C'est pour cela qu'une mine d'informations et de technologies aussi précieuse et vitale que la solutiologie, était restée enfouie au fin fond de la philosophie, quelque part entre un existentialisme inconnu et une métaphysique trop lointaine pour qu'on s'y intéresse.

Pourtant, elle est aujourd'hui une réalité bien concrète qui vient avec une forte conviction réclamer la place qui lui est due dans le monde des sciences. De nombreux échecs graves tels que les guerres, la famine et les catastrophes, sont dus uniquement à l'ignorance des méthodes salutaires et des outils stratégiques, de la solutiologie. Ils auraient pu être évités. Aujourd'hui, ils représentent un manque à gagner inestimable, tant en vies humaines qu'en biens matériels.

Importance de la solutiologie

L'importance de la solutiologie va venir surtout de son adaptabilité, de son omnipotence et de sa multidisciplinarité qui lui ouvriront toutes les portes.

La solutiologie ne s'arrête pas là. Son avance dans plusieurs domaines technologiques lui confère une place de choix parmi toutes les disciplines reconnues et respectées. Sa méthodologie simple, claire, adaptative, multidisciplinaire et d'une très rare efficacité, la propulse au rang des sciences qui sont les réels piliers du développement.

Elle ne connait ni les frontières politiques ni les frontières mentales. Son avance technologique ne laisse aucun doute sur l'importance que la solutiologie a su recevoir.

Elle rend le monde plus accueillant, plus salutaire, moins rigide et beaucoup plus humain.

La solutiologie est la première ultra-haute science à utiliser l'intelligence alpha 4. Elle a mérité amplement le qualificatif de mère de toute les ultra-hautes sciences et technologies.

Selon la sciençologie pour qu'une science soit considérée ultra-haute science il lui faut être conçu par une intelligence de niveau alpha 4.

La solutiologie est tellement puissante qu'elle est capable de tracer un chemin efficace vers la solution à presque tous les problèmes hormis ceux affectifs et médicaux. C'est une boussole très efficace même quand la visibilité est amoindrie. C'est une carte au trésor qui défie presque tous les labyrinthes.

La 724logie

Dans le futur une bonne partie du monde des affaires va être géré entre autres avec la 724logie. Cette ultra-haute science est entre autres un moyen automatique de redistribution de revenus.
Elle est en avance sur toutes les autres méthodes de redistribution de revenu. Cette science s'appuie sur la continuité en 7j/7 et 24h/24.
Elle s'appuie aussi sur un nouveau mode de paiement : le net de tout.

Du TTC au NT sont prélevé automatiquement :

        3 % du CA pour le caritatif
        5 % du CA pour le forfait d'impôt
        1 % du CA pour le forfait d'assurance
        2 % du CA pour les travaux pour l'Etat
        2 % du CA pour l'habitat
        2 % du CA pour l'enseignement et la recherche
        2 % du CA pour la santé
        2 % du CA pour le transport
        2 % du CA pour le sport et les loisirs
        1 % du CA pour les I Centers

Le forfait de l'impôt est très petit car l'assiette fiscale est très grande.
Les villages thématiques seront gérés entre autres par la 724logie.

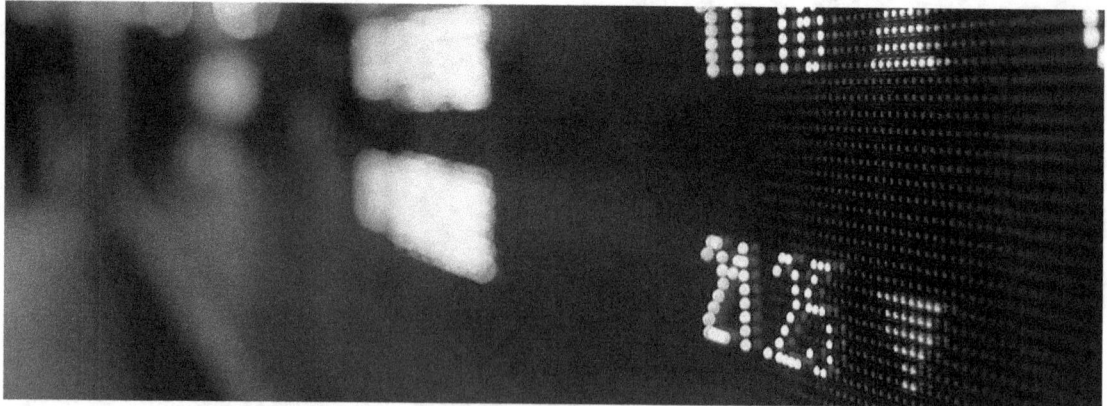

LGAME

LGAME est un logiciel créé par Khalid LAAOULA. Il comporte :

Un jeu en QCM
Une université sur le net
Une bourse internationale
Une plateforme de cryptomonnaie
Un réseau social
Une bibliothèque de données
Une banque d'affaire
Un coach en développement personnel
Une centrale d'achat
Une centrale de vente.

Les principaux objectifs sont au nombre de 3 :
- Améliorer les connaissances, les compétences ainsi que le sens de l'éthique des utilisateurs.
- Créer une très grande valeur ajoutée.
- Améliorer la situation des marocains à tous les niveaux

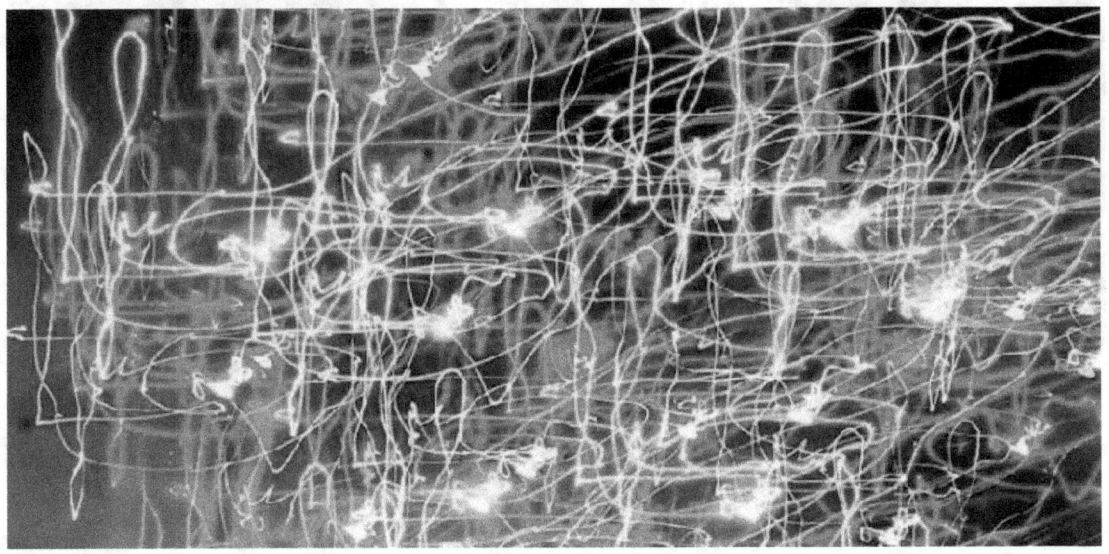

« C'est dans vos moments de décision
que votre futur se dessine »

Tony Robbins

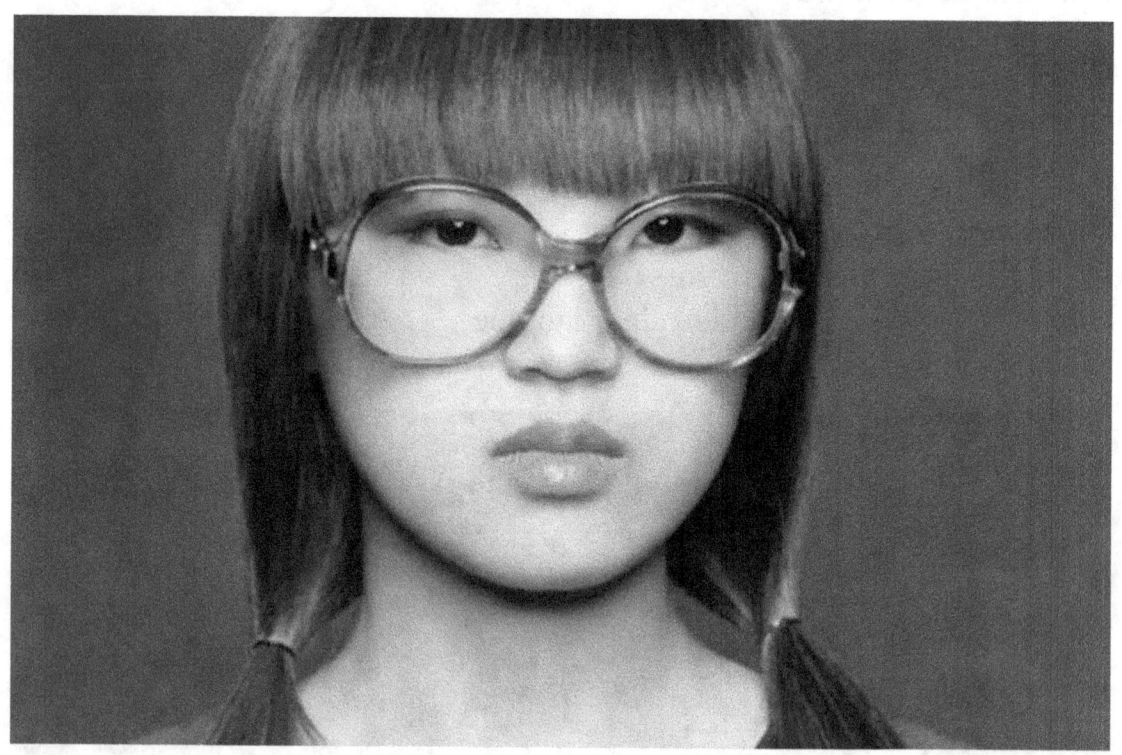

PARTIE V :

DIMENSION FINANCIERE DU PROJET

Les I Centers

Les I centers sont des lieux qui abolissent l'espace, le temps ainsi que les démarches administratives.

Un investisseur peut avoir le choix d'investissement dans des projets issus du monde entier, de chez lui, via un I Center.

C'est un lieu qui fait gagner à l'investisseur du temps, des efforts tout en lui offrant des informations fiables et des conseils éclairés.

Dans le futur les I Centers capitaliseront plus de 90% des investissements inter pays.

Grace aux I Centers l'investisseur pourra avoir sous sa disposition un véritable tableau de bord à l'échelle de la planète. Ce tableau de bord est à la fois sécurisé et auto-actualisé.

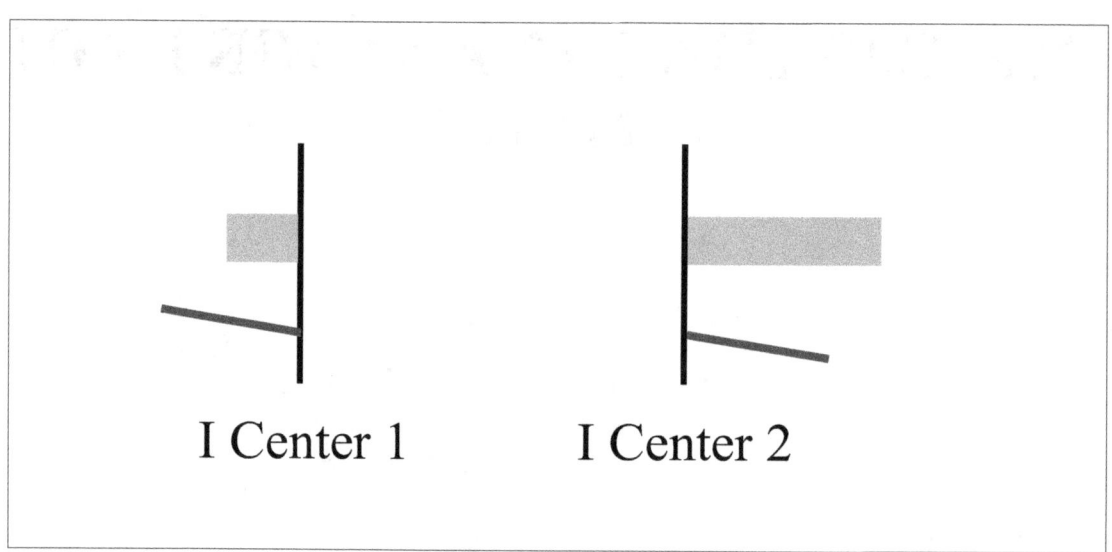

I Center 1   I Center 2

L'impact des villages sur l'impôt

Les taux d'imposition sont en partie inversement proportionnels à l'assiette fiscale. Or celle-ci va devenir très grande, d'où la possibilité de réduire considérablement les taux d'imposition.

En effet, 4 000 000 000 de nuitées apportent au budget de l'Etat des rentrées en devise énormes. Ces rentrées permettent à l'Etat la possibilité de réduire significativement les taux d'imposition.

De plus, le nombre de pauvres va diminuer significativement ce qui facilitera le travail de l'Etat.

En fin, les villages ont une grande dimension sociétale qui va dans le sens des objectifs de l'Etat. Le travail de l'Etat sera plus simple et plus efficace et plus efficient.

L'imposition des villages

Les villages font partie d'un monde futur. Ils ne peuvent pas jouer leur rôle convenablement s'ils obéissent à des lois archaïques et obsolètes. Pour corriger la situation, une banque internationale va être créée. Elle va structurer la finance des 400 villages et aussi régler les petits problèmes financiers comme les impôts par exemple.

La monnaie utilisée est le MMXX, une monnaie numérique extrêmement développée. Elle dispose d'un programme de fonctionnement social très élaboré. Il est très probable que des pays entiers vont adopter le MMXX comme leur monnaie nationale. Nous assisterons alors à une libéralisation universelle de la monnaie. La performance peut lui permettre de devenir une monnaie universelle. Elle se caractérise par la traçabilité, l'involabilité, la fluidité et la constructibilité. Chaque pays pourra reformuler son MMXX et l'adapter à ses besoins. C'est une monnaie caméléon et modulable. Ainsi le MMXX peut devenir un palliatif à l'impôt. Au fur et à mesure de son fonctionnement il peut générer automatiquement de l'impôt pour les Etats concernés.

Particularités économiques des villages

Le pouvoir d'achat est presque proportionnel à la valeur ajoutée créée. Néanmoins certains actes bienfaisants peuvent augmenter le pouvoir d'achat et aussi la situation sociale. D'un autre côté, les actes de malveillances ont généralement en plus de la sentence pénale une interdiction de séjour dans les villages.

Le système des villages repose sur 2 monnaies principales :
- DIRHAM
- MMXX

Le dirham est la monnaie nationale d'où sa crédible mais elle a des failles énormes par rapport au MMXX :

- Elle est volable
- Elle n'est pas traçable
- Elle est simple
- Elle n'évolue pas
- Elle n'est pas internationale
- Elle n'est pas fluide

Tous ces sérieux inconvénients donne de la crédibilité aux MMXX.

Comment multiplier par 22 la ↑PIB ?

Supposons que :   ↑ PIB (n-1) = 5 %
　　　　　　　　　PIB (n-1) = 100   (en milliard de $ us)
Si on multiplie par 2 la vitesse de création de la V A :
On a PIB (n) = 210   (en milliard de $ us)
Croissance du PIB (n) en pourcentage = ((210-100)/100)x100
Croissance du PIB (n) = 110 %
　　↑ PIB (n-1) = 5 %
　　↑ PIB (n) = 110 %
Donc il y a eu augmentation de la croissance du PIB de 22 fois

Cette formule n'est pas très difficile à réaliser. Il faut tout de même beaucoup d'efforts et de volonté pour garantir le succès.

Le PIB entre la chimère et la réalité

L'individu a une tendance exagérée et maladive de suivre bêtement les nombres sans se soucier de pertinence sur le terrain. Le PIB en est un exemple de choix.
Supposons que les individus deviennent plus performants : Le PIB ne sera pas modifié alors que la vie en société en sera nettement améliorée. Ce petit exemple est à la base la théorie de la performance.
Le PIB par habitant ne peut être significatif que s'il est accompagné de l'indice de performance.
Dans le futur ils seront toujours côte à côte.

La valeur ajoutée est extrêmement importante. Chaque information qu'elle donne peut sauver des vies humaines. Il serait judicieux de l'étudier en profondeur. Le PIB sans une étude appropriée sur la valeur ajoutée, sur la consommation, sur le comportement des individus ou sur le rapport avec l'environnement n'est qu'un nombre fictif c'est-à-dire une chimère.

La valeur ajoutée

La valeur ajoutée est le principal pilier de l'existence des 400 villages. Sans cette valeur ajoutée créée par tous, la vie ressemblerait à une agonie générale et douloureuse.
C'est la vraie richesse. Chacun doit y mettre du sien, même les invalides, les attardés mentaux et les malades psychologiques bénins ou graves.
La valeur ajoutée est le fondement de la vie sociale.

Dis-moi quelle est ta valeur ajoutée, je te dirais qui tu es.

Aujourd'hui la valeur ajoutée est étudiée dans plusieurs disciplines comme la comptabilité générale, la comptabilité analytique, la fiscalité, le contrôle de gestion, le marketing, mais elle est étudiée très sommairement. Quand la sécurité de l'Etat en dépend, il ne faut rien négliger. Il faut qu'elle soit équilibrée et rationalisée en continu. Il faut qu'elle reflète les objectifs suprêmes de l'Etat ainsi que les grandes stratégies.

La consommation

Selon les économistes, la consommation est un acte de destruction d'un bien ou d'un service. Cette notion est incomplète car il y a dans cet acte faussement anodin une part importante de satisfaction. Cette satisfaction doit être mesurée et étudiée avec le plus grand soin. Il y va de la sécurité nationale.
En effet, beaucoup de pays ont négligé les droits les plus élémentaires et ont en payé les conséquences très lourdement.
Dans le futur, personne ne fera pas cette erreur de débutant et scrutera en continu les moindres variations dans la satisfaction. Tous les pays donneront une grande importance à la satisfacologie.

La satisfacologie qui est inconnue de la quasi-totalité des gens sera placée au centre de l'activité mondiale. Les 7 parlements internationaux anticipent cette ascension et donnent d'ores et déjà une grande importance à la consommation.

> Celui qui tourne le dos à ses rêves tourne le dos à son propre destin.
>
> Khalid LAAOULA

PARTIE VI :

LES 7 PARLEMENTS INTERNATIONAUX

Les 7 parlements internationaux

C'est pour donner à chacun sa chance à l'échelle mondiale que ces 7 parlements internationaux vont être créés

        ARTIA
        ARTISANIA
        FINANCIA
        INTELLIGENTIA
        STRATEGIENTIA
        TECHNOLOGIA
        AFRICANA

Chaque parlement se compose de 220 personnes (1 de chaque pays) qui ont loué leur place pour l'année, à 1000 euros, du premier janvier au 31 décembre de la même année. Par respect au pays d'accueil aucune décision ne peut être prise contre les la loi et les intérêts de ce pays ni même contre les lois internationales par aucun de ces parlements.

Quel est le poids de ces 7 parlements ?
Le poids vient avec l'efficacité. Si un parlement est efficace, il gagne automatiquement de la crédibilité, de la notoriété mais aussi la légitimité de prendre des décisions importantes. Si à contrario un parlement est inefficace, des gens vont le fuir et il n'aura aucune existence. C'est l'efficacité qui fait l'importance, la crédibilité et la légitimité. Chacun de ces 7 parlements utilise une cryptomonnaie qui porte son nom.
Exemple : le parlement ARTIA utilise une cryptomonnaie qui porte le nom de ARTIA.

Le président a 23 voix alors que les membres ont chacun 1 voix. Le président peut radier n'importe quel membre à n'importe quel moment sans explication, sans préavis et sans aucun dédommagement ou remboursement.

Le tribunal compétent est le tribunal de Rabat.

ARTIA

L'art, un mot qui suscite la sérénité, la méditation et le rêve. C'est la sublimation du moment et la rencontre des esprits.
Il a tellement de facettes qu'on peut s'y perdre, tellement de variétés qu'on peut s'y promener.

L'art a aujourd'hui un parlement bien à lui. Il fait parti des 7 parlements des villages thématiques. Il a pour nom ARTIA.
Les artistes du monde entier peuvent louer à 1000 euros par an une place qui donne le droit à une voix. Chaque pays a le droit à un place.
Il y a 220 places environ.

ARTISANIA

L'artisans est un virtuose, un concepteur et un historien. Il fait de notre vie un jardin. Ce n'est que service rendu que de lui consacrer un parlement international.

Ce parlement va permettre aux artisans de s'exprimer et de se sentir reconnus et importants. Il fait partie des 7 parlements des villages thématiques. Il a pour nom ARTISANIA.
Les artisans du monde entier peuvent louer à 1000 euros par an une place qui donne le droit à une voix. Chaque pays a le droit à un place. Il y a 220 places environ.

FINANCIA

Les financiers ont eux aussi le droit d'avoir un espace à eux. Un espace libre où ils peuvent s'exprimer et s'organiser pour pouvoir agir.

Le parlement international FINANCIA est un lieu spécialement conçu pour les financiers du monde entier. Il fait partie des 7 parlements des villages thématiques.

Le moment ne peut pas être mieux choisi puisque le domaine financier international connait des bouleversements aussi énormes qu'inattendus.

Les financiers du monde entier peuvent louer à 1000 euros par an une place qui donne le droit à une voix. Chaque pays a le droit à un place.
Il y a 220 places environ.

INTELLIGENTIA

Enfin un endroit fait spécialement pour les scientifiques. Parmi les 7 parlements des villages thématiques celui-ci est spécialisé dans la recherche et la science. Il a pour nom INTELLIGENTIA.
Les scientifiques, les professeurs et les chercheurs du monde entier peuvent louer à 1000 euros par an une place qui donne le droit à une voix. Chaque pays a le droit à un place.
Il y a 220 places environ.

Ce parlement va connaitre une réussite exemplaire. Son éclat à l'international sera proportionnel aux efforts des scientifiques qui y siègent. L'humanité attend beaucoup de ce parlement.

Si une solution voit le jour c'est très probablement grâce aux efforts colossaux des scientifiques.

STRATEGIENTIA

Parmi les 7 parlements des villages thématiques existe celui des politiciens. Il a pour nom STRATEGIENTIA.

Les politiciens du monde entier peuvent louer à 1000 euros par an une place qui donne le droit à une voix. Chaque pays a le droit à un place.
Il y a 220 places environ.

Quelles stratégies adopter dans ce monde qui se noie dans l'irrationalité.

Notre berceau, la terre tombe en ruine. Le parlement STRATEGIENTIA est un parlement cybernétique ayant pour mission de prendre les décisions qui s'imposent pour essayer de sauver ce qui peut l'être encore.

Nous sommes dans l'urgence. Les guerres prolifèrent et le monde est impuissant malgré des moyens technique et financiers pharaonique.

TECHNOLOGIA

Parmi les 7 parlements des villages thématiques existe celui des sciences et technologies. Il a pour nom TECHNOLOGIA.
Les sciences et technologies sont extrêmement importantes pour le devenir de l'humanité.
Les industriels du monde entier peuvent louer à 1000 euros par an une place qui donne le droit à une voix. Chaque pays a le droit à un place.
Il y a 220 places environ.
Il obéit à une règlementation stricte.
Il dirige une commission scientifique et technologique mondiale.

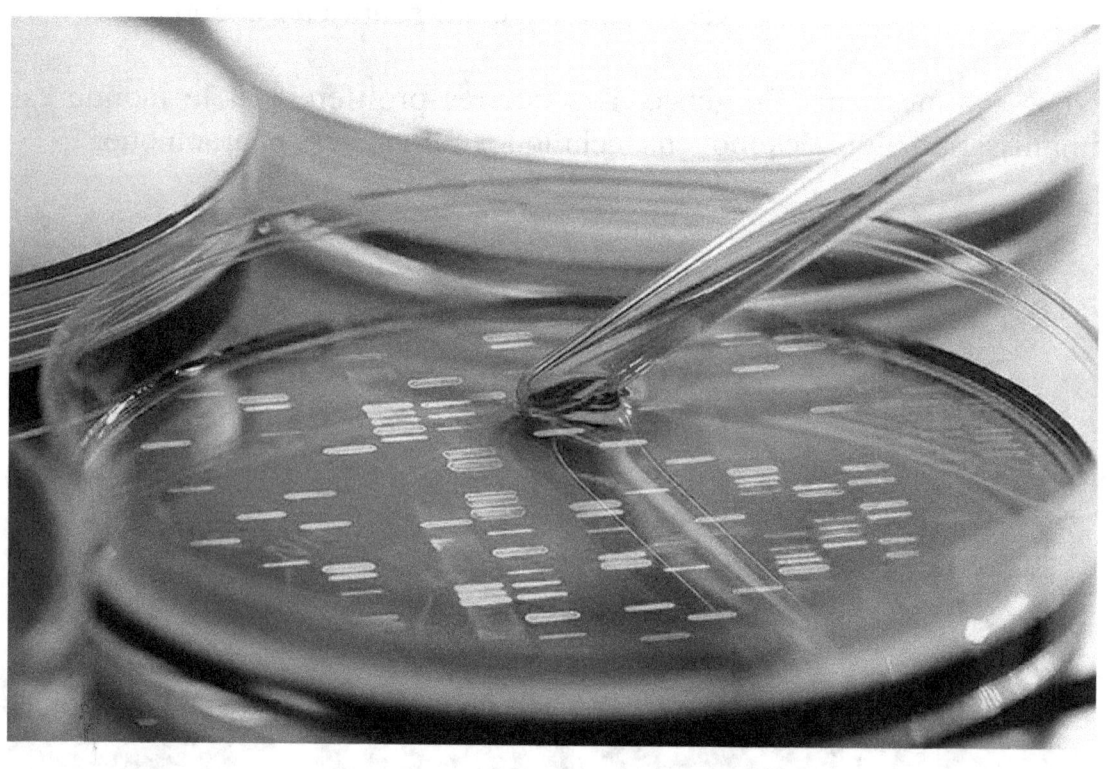

AFRICANA

Pour participer au développement du continent africain, la Marche des Lumières s'est dotée d'un parlement spécial qui focalise toutes les énergies disponibles vers la concrétisation de projets novateurs en Afrique.

Ce parlement s'appelle AFRICANA et utilise une monnaie numérique appelée aussi AFRICANA. Il admet en théorie 220 membres et un président. Chaque pays a le droit de louer annuellement une place à 1000 euros. Chaque membre a une voix et le président a 23 voix.

Aucune décision ne peut aller à l'encontre de la loi du pays d'accueil ni même être contre les lois internationales.

Il s'agit de construire sans déranger les gens, les lois ou la planète.

Ce parlement est multidisciplinaire et convivial.

Le président a le droit de radier à n'importe quel moment, n'importe quel membre sans préavis, sans explication et sans remboursement.

Cela peut paraitre gênant mais la situation peut devenir encore pire si quelqu'un était assassin à l'intérieur de ce parlement qui veut promouvoir la vertu à l'échelle mondiale.

« Tant qu'il y aura des Hommes, il y aura des surprises et tout sera possible »

Khalid LAAOULA

PARTIE VII :

LE TRAIN DES LUMIERES

Le Train des Lumières

Le Rabat New-York en 40 heures est un train à sustentation magnétique de 700 km/h de vitesse moyenne (28 000 Km).
Il relie Rabat, Madrid, Paris, Berlin, Moscou, Ottawa, New-York

Il est certain que plusieurs spécialistes vont avoir des défis à relever tant sur le plan technique que sur le plan financier et aussi sur la coordination entre plusieurs pays avec des méthodes de travail très différentes et surtout une réglementation différente.

Si le projet aboutit cela prouvera définitivement au monde entier que l'union fait la force et que la méfiance n'est pas de la prudence mais que c'est dans les intérêts communs que réside la sécurité.

Le Rabat New-York et les intérêts

Le train à sustentation magnétique qui va de Rabat à New-York en passant par Madrid, Paris, berlin, Moscou, Alaska et Canada est un rêve de beaucoup.

Il donne à la Russie une position stratégique, à la Chine des opportunités commerciales, à la France des opportunités touristiques et aux USA une garantie d'approvisionnement. Si toutes ces puissances acceptent le projet devient possible.

Il ne s'agit pas d'un projet comme les autres. C'est un projet qui casse avec une longue histoire de recherche de position dominante et qui ouvre une ère de recherche de sécurité pour tous. Le rêve américain prend enfin le train et atteint le monde. C'est un projet extrêmement rentable. Il est même stratégique voir vital. Ceux qui prône la haine et la guerre n'ont d'autre choix que de se taire. Si ces grandes puissances ouvrent grand leurs portes pour accueillir ce nombre gigantesque de touristes, c'est que le monde a bien changé.

Désormais nous sommes les enfants du P2P, de la monnaie numérique involable, des i centers, des ultra-hautes sciences et technologies et de l'intelligent artificielle alpha 4 anti-crash.

Le travail deviendra loisir et les guerres un lointain souvenir.

L'Afrique quant à elle, ne tardera pas à se réveiller. Les richesses du sous-sol déclencheront des projets salvateurs pour la population.

La personnalité

C'est à ces petites choses,
À ces actes faussement anodins,
À ces petits gestes témoins,
Qu'on connaît la personne.
Ils détectent l'invisible.
Ils révèlent le caché.
Ils retracent dans l'ombre,
Les pas de la réflexion,
Les battements de la personnalité.

La Marche des Lumières

Je n'attendrais pas
Je n'hésiterais pas
La gloire n'attend pas
J'y vais de ce pas

Je marcherais par-delà les sentiers battus
Par-delà les mondes connus
Je ne fléchirais pas
Je ne me découragerais pas

Mille pièges
Mille obstacles
Mille tourments
Et mille dangers

Je serais au rendez-vous
Nous marcherons vers la lumière
Nous marcherons vers l'espoir
Nous marcherons vers le triomphe et la gloire

Nous larguerons ce passé lourd
Et créerons un avenir radieux
Nous allons changer
Et nous allons prospérer

Notre marche c'est la Marche des Lumières

www.ingramcontent.com/pod-product-compliance
Lightning Source LLC
Chambersburg PA
CBHW080509220526
45465CB00006B/2419